VENTE
Du Samedi 11 Décembre 1909
HÔTEL DROUOT, SALLE N° 9
A DEUX HEURES

EXPOSITION PUBLIQUE
Le Vendredi 10 Décembre 1909
De 2 heures à 6 heures

# Miniatures, Boîtes

## OBJETS DE VITRINE, BIJOUX, OBJETS D'ART

# ESTAMPES EN COULEURS

## Du XVIIIᵉ Siècle

## PORCELAINES — FAIENCES

## MEUBLES ANCIENS

COMMISSSAIRE-PRIEUR
Mᵉ ROBERT BIGNON
Successeur de M. NORMAND
41, rue de la Victoire

EXPERT
M. ROBERT GANDOUIN
38-40, avenue de Wagram

# CATALOGUE

DES

# Miniatures, Boîtes

## OBJETS DE VITRINE, BIJOUX, OBJETS D'ART

# ESTAMPES EN COULEURS

## Du XVIIIe Siècle

## PORCELAINES — FAIENCES

### MEUBLES ANCIENS

*Dont la vente aux enchères publiques*

AURA LIEU A PARIS

# HOTEL DROUOT, SALLE N° 9

## Le Samedi 11 Décembre 1909, à 2 heures

| COMMISSAIRE-PRISEUR | EXPERT |
|---|---|
| **Me ROBERT BIGNON** | **M. ROBERT GANDOUIN** |
| *Successeur de M. NORMAND* | 38-40, avenue de Wagram |
| 41, rue de la Victoire | PARIS |

# EXPOSITION PUBLIQUE

## Le Vendredi 10 Décembre 1909, de 2 heures à 6 heures

CONDITIONS DE LA VENTE

Elle sera faite au comptant.

Les adjudicataires paieront *dix pour cent* en sus des enchères.

L'exposition mettant le public à même de se rendre compte de l'état et de la nature des objets, aucune réclamation ne sera admise une fois l'adjudication prononcée.


**M. ROBERT GANDOUIN, Expert, remplira les conditions des amateurs ne pouvant assister à la vente.**

Paris. — Imp. de l'Art, Ch. Berger, 41, rue de la Victoire.

# DÉSIGNATION

L'ordre numérique du Catalogue sera suivi.
Environ 40 à 45 numéros seront vendus par heure.

## FAIENCES, PORCELAINES

1 — Encrier en ancienne faïence de Strasbourg, décoré de bouquets de roses.

2 — Trois assiettes en ancienne faïence de Marseille, décor à la rose.

3 — Assiette en ancienne faïence de Marseille, décor de roses et feuillage.

4 — Deux plats : un long et un rond ; deux assiettes en ancienne faïence de Strasbourg, décor à la rose.

5 — Plateau à marli dentelé en ancienne faïence de Milan, décor coréen.

6 — Cruche en ancien grès émail bleu.

7 — Quatre assiettes vieux Nevers et vieux Moustiers.

8 — Petit plateau en ancienne faïence de Nevers, décor camaïeu bleu.

9 — Deux petits cornets en ancienne faïence d'Urbino, décor polychrome. (Fracturés.)

10 — Deux assiettes en ancienne faïence de Delft, décor polychrome : oiseaux et fleurs.

11 — Deux assiettes en ancienne faïence de Delft, décor camaïeu bleu : sujets galants d'après GILLOT. (Une fracturée.)

12 — Présentoir et son plateau en Castelli, décor polychrome : amours et paysages.

13 — Petite coupe en faïence d'Urbino. Au centre, la Vierge et l'Enfant. (Fracturée )

14 — Petit cache-pot en ancienne faïence de Bruxelles, décor polychrome : fleurettes.

15 — Couvercle de soupière en ancienne faïence de Rouen, décor à la corne.

16 — Plat en ancienne faïence de Rouen ; décor polychrome. Au centre : panier fleuri. Le marli à lambrequin.

17 — Assiette en ancienne faïence de Rouen, décor
à la petite corne tronquée. (Fracturée.)

18 — Assiette en ancienne faïence de Rouen, décor
à la corne. (Légère restauration.)

19 — Assiette en ancienne faïence de Rouen, décor
polychrome dit à la grue. (Fracture.)

20 — Compotier en ancienne faïence de Rouen, décor
à la corne tronquée.

21 — Compotier, de forme octogonale, en ancienne
faïence de Rouen, décor polychrome au panier
fleuri. (Fêlure.)

22 — Saucière en ancienne faïence de Rouen, décor
polychrome. (Fracture à l'anse.)

23 — Bonbonnière en Saxe ancien à la marque de
Marcolini, décor crevette rehaussé d'or, bouton
formant une rose.

24 — Grand plat en porcelaine de Niedervillers,
décor à fleurettes.

25 — Saucière et son plateau en ancienne porcelaine du Duc d'Angoulême, décor à fleurettes.

26 — Deux cache-pot et leurs plateaux en ancien
Weedgwood, fond bleu rehaussé de blanc.

27 — Grande plaque, de forme ovale, en Weedgwood,
en bas-relief : Apollon et la Muse.

28 — Théière en Weedgwood, fond bleu.

29 — Grande plaque en porcelaine, décorée d'après
Boucher, à double encadrement de bronze ciselé
et doré.

30 — Deux aiguières, forme casque, en ancienne
porcelaine du Japon, décor polychrome rehaussé
d'or. Monture bronze ciselé et doré. (Fracture.)

31 — Grand vase en ancienne porcelaine de la
Chine, décor aux chrysanthèmes et feuillage
vert. (Fracture). — Haut., 39 cent.

32 — Petite garniture en ancienne porcelaine de
Chine, décor camaïeu bleu, composée de deux
cornets et une potiche à couvercle.

33 — Deux grands drageoirs en ancienne porcelaine de Chine. (Un fracturé.)

34 — Garniture minuscule en ancienne porcelaine
de Chine, composée de deux cornets et une
potiche à couvercle.

35 — Cornet en ancienne porcelaine de Chine, décor camaïeu bleu. Monture bronze.

36 — Pot à lait en ancienne pâte tendre de Mennecy, décor de tulipes et roses. (Fracture au bec.)

37 — Petit moutardier en ancienne faïence tendre de Mennecy. (Fracture.)

38 — Quatre petites corbeilles simulant de la vannerie en pâte tendre de Tournay. (Fractures.)

39 — Grand plat rond en pâte tendre de Tournay et petit plat ovale, décor à la mouche.

40 — Sucrier en ancienne pâte tendre de Tournay, décoré de fleurettes bleues.

41 — Trois pommeaux de canne en ancienne pâte tendre de Saint-Cloud.

42 — Tasse et sa soucoupe en pâte tendre de Sèvres, décorées de fleurettes camaïeu rose.

43 — Bonbonnière, formant noix, en ancienne pâte tendre. Monture argent. (Fêlure.)

44 — Petit plat en ancienne faïence de Delft, décor bleu.

# MINIATURES, BOITES

45 — CHABANNE. Portrait d'un Acteur lyonnais. Signé.

46 — DOUCET (MARCEL). Portrait du général N.-C. Oudinot. Miniature. Époque du Premier Empire.

47 — FREMY (L.). Portrait d'une Jeune Femme, coiffée d'un chapeau. Miniature signée et datée : *1783*.

48 — Jeune femme jouant de la harpe. Miniature. Premier Empire.

49 — Fixé sous verre : le Tombeau de J.-J. Rousseau à Ermenonville.

50 — SAINT-GRIS. Portrait d'une Jeune Dame, assise dans un parc. Miniature. Époque du Premier Empire.

51 — Petite gouache : la Halte et le Rendez-vous à l'auberge.

52 — Petite bonbonnière en écaille blonde, cerclée or. Époque Louis XVI.

53 — Bonbonnière en laque rouge. Époque Louis XVI.
Ornements gravés fond or.

54 — Petite bonbonnière, de style Louis XV, en
écaille brune.

55 — Grande bonbonnière, époque Louis XV, en
racine de buis.

56 — Boîte ancienne en vernis Martin, avec sujet
galant sur le couvercle.

57 — Petite boîte à mouches en vernis, piquée or.

58 — Boite tabatière, de forme demi-lune, en por-
phyre gris. Époque Empire.

59 — Boîte en écaille, époque Louis XVI, ornée
d'une miniature : Portrait d'homme.

60 — Boite en écaille, époque Louis XVI, ornée
d'une miniature : Jeune soldat anglais.

61 — Grande boite en écaille vernis rouge, piquée or.

62 — Grande boite vernis rouge, cerclée or.

63 — Tabatière Louis XVI. Pomponne.

# GRAVURES

64 — Portrait de Valentin Haüy. Belle épreuve imprimée en couleurs.

65 — Gouache : Portrait de femme imprimé en couleurs. Cadre ancien.

66 — Portrait de femme. Manière noire.

67 — BONNET. Tête de femme. Imprimée en couleurs.

68 — COUTELLIER. Carlin Bertinazzi (Portrait de). Superbe épreuve imprimée en couleurs.

69 — COSWAY. The Fair Moralist. Belle épreuve. Encadrée.

70 — DEBUCOURT. « La Promenade publique ». Imprimée en couleurs, remargée, restaurée. Cadre ancien en bois sculpté et doré.

71 — DEBUCOURT. « Le Compliment ». Épreuve imprimée en couleurs, avec marge. Cadre ancien en bois sculpté et doré.

72 — HOIN. « Nina ». Épreuve imprimée en couleurs, remargée. Cadre ancien.

73 — HUET. La Sœur donne des étrennes à son frère. — Le Frère donne des étrennes à sa sœur. Belles épreuves imprimées en couleur. Encadrées.

74 — HUET. Feuille d'étude d'animaux.

75 — HUET. Délices de la vie champêtre. Belle épreuve en couleurs.

76 — JANINET. Les Trois Grâces. Superbe épreuve imprimée en couleurs.

77 — MARIN. The True Paternal Care. Superbe épreuve imprimée en couleurs.

78 — LA TOUR. Jean de Montmartel (Portrait de). Belle épreuve en noir.

79 — Portrait d'homme au physionotrace.

80 — Quatre petites gravures anglaises, de forme ovale, représentant des jeux d'enfants. (Remargées.)

81 — Le Couronnement de l'Innocence, en couleurs. Gravé par SANDOZ.

82 — Deux gouaches de l'époque Louis XIV, représentant l'histoire de Vénus.

83 — Cinq gravures au bistre, d'après SHELLEY, WILLIAM, ALEXIS, MARIA, etc...

# OBJETS D'ART

84 — Ecrin, époque Louis XVI, maroquin rouge, dorure aux petits fers.

85 — Broche, époque Louis XVI, formant une branche de feuillage, strass et perle baroque.

86 — Paire de pendants d'oreilles, époque Louis XVI, monture or et argent, garnie de roses.

87 — Cachet-breloque, époque Louis XVI, en or.

88 — Bague ; le chaton émaillé avec devise : *L'Amitié*.

89 — Pendant de cou, époque Louis XVI, monture or et argent, garni de roses.

90 — Boite à baptême, époque Romantique, sujet imprimé : l'Offrande à la Vierge.

91 — Boutons anciens, des époques Louis XVI et Empire, en argent, nacre et strass.

92 — Petit buste en bronze de Napoléon 1ᵉʳ, à tête laurée.

93 — Trousse de médecin, époque Empire, garnie de ses instruments en argent et acier. Maroquin. — Portefeuille en maroquin et reliure romantique maroquin, dorure aux petits fers.

94 — Cadres à miniatures en bronze doré et cuivre,
des époques Louis XVI et Empire.

95 — Monocle de forme carrée. Epoque Directoire.

96 — Monocle en argent doré, forme ronde. Epoque Directoire.

97 — Ecrin à miniature, de forme ovale, en galuchat vert.

98 — Couteau de poche, époque Louis XVI, à deux lames, une en or et l'autre en acier. Le manche en nacre incrusté d'ornements en or.

99 — Grand couteau de poche, époque Louis XVI, à une lame d'acier. Le manche en nacre incrusté d'ornements en or.

100 — Paire de boucles, de forme ovale, strass et argent. Époque Louis XVI.

101 — CHINARD (Joseph) (1756-1813). Bas-relief, de forme ronde, encadré : Profil de jeune révolutionnaire. Épreuve originale en plâtre. Signée et datée.

102 — Deux lampes de l'époque Empire, formant colonnes, peintes au vernis rouge et bronzes dorés. (Disposées pour l'électricité.)

103 — Pendule époque Empire, formant portique :
marbre blanc et bronzes dorés.

104 — Deux petits candélabres, époque Louis XVI.
formés d'un vase blanc à deux branches de
tulipes formant binets. (Fractures et restaura-
tions.)

105 — Rampe de foyer, époque Empire, bronze vert
et or. A chaque extrémité, un chien couché.
formant chenet.

106 — Coupe à piédouche en cristal taillé. Époque
du Premier Empire.

107 — Autre coupe. Même époque.

108 — Reliure ancienne en maroquin noir, avec ses
garnitures, coins, fermoirs en argent gravé.
Époque Louis XV.

109 — Jolie coquille d'épée, époque Louis XVI, en
fer ciselé et rehaussé d'or de plusieurs tons.

100 — Nouveau Missel romain 1784. Reliure ancienne en maroquin rouge, dorure aux petits
fers ; garnitures, fermoirs en cuivre argenté.

111 — Sous ce numéro, objets d'art divers.

112 — Pendule ancienne, époque Louis XVI, marbre blanc et bleu, bronzes ciselés et dorés. Composée de deux pylones surmontés de deux vases d'où s'échappent des petits bouquets de roses. Sur le cadran, une pyramide surmontée d'une sphère.

# MEUBLES

113 — Table-coiffeuse en marqueterie de bois. Époque Louis XVI.

114 — Commode ancienne, époque Régence, à trois rangées de tiroirs. Bronzes ciselés et dorés ; dessus marbre de couleurs.

115 — Commode Louis XVI en noyer, à trois rangées de tiroirs, garnis de cuivres. Marbre de couleurs.

116 — Bureau, de forme dos d'âne, époque Louis XV, en marqueterie de bois de violette.

117 — Autre bureau, de même époque.

118 — Secrétaire, époque Louis XVI, en acajou : garniture de cuivre ; marbre bleu turquin.

119 — Sous ce numéro, objets omis au Catalogue.